Gertrud Kolmar

Gedichte

Neuausgabe des erstes
Gedichtbandes von 1917

Gertrud Kolmar: Gedichte. Neuausgabe des erstes Gedichtbandes von 1917

Erstdruck: Berlin, Fleischel, 1917

Neuausgabe
Herausgegeben von Karl-Maria Guth
Berlin 2022

Der Text dieser Ausgabe wurde behutsam an die neue deutsche Rechtschreibung angepasst.

Umschlaggestaltung von Thomas Schultz-Overhage

Gesetzt aus der Minion Pro, 11.5 pt

Verlag: Henricus - Edition Deutsche Klassik GmbH
Mörchinger Str. 33, 14169 Berlin, info@henricus-verlag.de
Herstellung: Amazon Media EU S.à.r.l., siehe letzte Seite

ISBN 978-3-7437-4335-9

Inhalt

Mutter und Kind

Madonna aus dem Hause Tempi

(Raffael)

O Mutter! Deren Arm ein All umspannt!
So süß entzückt, mit schüchternem Begreifen,
So zitternd trägt ihr Blümlein deine Hand
Und wagt es kaum, den zarten Schmelz zu streifen.

Ein goldnes Schlüss'lein, das dein Herz erschließt,
Ein lebend Liebeswort aus Gottes Munde,
Ein rein Gefäß, drein deine Seele gießt
Die klarste Wonne jeder früh'ren Stunde.

Die Händchen, ros'ge Falterflügelein,
Sie flögen himmelwärts so gern, so gerne;
Von seinen Lippen strömt dir Sonnenschein,
In seinen Äuglein strahlen Mond und Sterne.

Du Rosenblüte, die kein Winter schreckt,
Alltäglich Wunder in der Welt Getriebe,
Du Wesen, das im Weib die Mutter weckt,
Von Liebe stammt und kommt und bittet: »Liebe!«

Ich knie' nicht vor der Himmelskön'gin Thron,
An einem Frauenglück möcht teil ich haben;
Ich grüß' die Mutter mit dem kleinen Sohn,
Nicht die Madonna mit dem Jesusknaben.

Meins

Ich weiß nicht, wann es kommen wird,
Dass ich's mit Händen greife:
Hat dunkle Löckchen ob der Stirn
Und eine rote Schleife.

Ich weiß nicht, ob es kommen wird,
Dass meine Augen 's sehen:
Sein Füßchen, ungeschickt und klein,
Kann ja so schnell nicht gehen.

Der Weg ist weit, ist gar so weit;
Wie mag's die Wand'rung wagen?
Muss doch mein Glück, mein großes Glück
In winz'gen Händchen tragen.

Und wenn es stolpert unterwegs,
Mag denn mein Glück verderben!
Komm, lieber Liebling, weine nicht,
Und bring mir mit die Scherben.

Die Scherben sind mir schon genug –
Ich halt die Arme offen. –
Und kommst du nie, verschweig's, du Meins,
Und lass mich weiterhoffen.

Schrebergärten

Du schaust hinein. Am Zaun die Laube
In Sonntagsstimmung, frisch und blank:
Ein grünes Haus mit weißer Haube
Und ringsum wilden Weins Gerank.

Dazu zwei Mädchen mit Soldaten;
Drum lacht die Sonnenblume auch –
Ein Apfelbaum, ein Beet Tomaten,
Ein Rosenstock, ein Himbeerstrauch:

Und mitten in der Pracht ein Kleinchen,
Das kaum noch halb sein Hemdchen deckt
Und das zwei ros'ge, runde Beinchen
Aus seinem Kinderwagen streckt.

Spielchen

O du mein allerkleinstes,
Du mein allerschönstes,
Du mein aller-aller-allerliebstes Kind,
O du mein allerkleinstes,
Du mein allerschönstes,
Du mein aller-allerliebstes Kind!

Deine Äuglein sind blau!
Wie das Waldbächlein blauet,
Weil der Himmel draus schauet:
Deine Äuglein sind blau!
O du mein allerkleinstes usw.

Deine Härlein sind braun!
Wie die Nuss aus der Scherbe,
So würzig und herbe:
Deine Härlein sind braun!
O du mein allerkleinstes usw.

Deine Lippen sind rot!
Wie die Purpurfarbfleckchen
Auf des Distelfinks Bäckchen:
Deine Lippen sind rot! usw.

Deine Händlein sind weiß!
Wie das Weihnachtsschneemännchen
Unterm frostweißen Tännchen:
Deine Händlein sind weiß! usw.

Deine Röcklein sind grün!
Wie der Heuschreck, der kleine,

Der da fiedelt am Raine:
Deine Röcklein sind grün! usw.

Deine Schleifchen sind grau!
Wie lieb Graumäusleins Schwänzchen,
Das den Takt schlägt zum Tänzchen:
Deine Schleifchen sind grau! usw.

Deine Strümpfchen sind gelb!
Wie die Schlüsselblumkränze
Auf der Wiese im Lenze:
Deine Strümpfchen sind gelb! usw.

Deine Schühlein sind schwarz!
Wie am Zaune die Dohle
Mit den Federn von Kohle:
Deine Schühlein sind schwarz! usw.

Dein jung Herzlein ist Gold!
Wie die Goldtulpenwiegen,
Drin die Käferchen liegen:
Dein jung Herzlein ist Gold!

O du mein allerkleinstes,
Du mein allerschönstes,
Du mein aller-aller-allerliebstes Kind,
O du mein allerkleinstes,
Du mein allerschönstes,
Du mein aller-allerliebstes Kind!

Kinderreihen

Ringel, Ringel Reihen,
Der Bauer, der will freien.
Er hat ein Pferd und auch ein'n Karr'n
Und will die Braut nach Hause fahr'n.
    »Gibst du mir nichts, so sag' ich Nein.«
    »Ich gebe dir ein Gänsebein.«
    Bauer, das ist gar nicht viel;
    Noch einmal herum das Spiel!

Ringel, Ringel Reihen,
Der Schneider, der will freien.
Er kommt auf einem Ziegenbock
Und näht sich selbst den Hochzeitsrock.
    »Gibst du mir nichts, so sag' ich Nein.«
    »Ich gebe dir ein Fädchen fein.«
    Schneider, das ist gar nicht viel;
    Noch einmal herum das Spiel!

Ringel, Ringel Reihen,
Der Lindenwirt will freien.
Er hat ein großes Herbergshaus
Und lädt die Leut' zum Hochzeitsschmaus.
    »Gibst du mir nichts, so sag' ich Nein.«
    »Ich gebe dir ein Gläschen Wein.«
    Lindenwirt, das ist nicht viel;
    Noch einmal herum das Spiel!

Ringel, Ringel Reihen,
Der Fiedelmann will freien.
Er trägt ein'n gold'nen Ring im Ohr
Und geigt der Braut sein Stücklein vor.

»Gibst du mir nichts, so sag' ich Nein.«
»Ich geb dir ein klein Kindelein.«
Fiedelmann, das ist genug;
Spiel' uns auf zum Hochzeitszug!

Ein Liedlein vom Schwamm

(Zu singen, während das Kind gewaschen wird)

Kindelein und Krötelein
Gingen einst spazieren;
Kindelein ging auf zwei Bein'n,
Krötelein auf vieren.

Kindelein zählt schon zwei Jahr',
Krötelein kaum eines;
Kindelein hat Strubbelhaar,
Krötelein hat keines.

Kindelein und Krötelein,
Beide Nackedeichen;
Krötelein trinkt Gänsewein,
Kindelein isst 's Eichen.

Kindlein geht zur sieb'nten Stund'
In sein warmes Kisschen,
Sagt zum Krötlein: »Bleib' gesund!«
Streichelt es ein bisschen.

Krötlein geht zur sieb'nten Stund'
In sein kaltes Flüsschen,
Hüpft dem Kindlein an den Mund –
Hu! Welch nasses Küsschen!

Wenn zwei kleine Kinderhändchen …

Wenn zwei kleine Kinderhändchen
Sich zum Nachtgebet vereinen,
Wenn ein müdes Stimmlein bittet
Und das warme, kleine Herzchen
Allem, was es redet, glaubt,
Wenn zwei dicke, ros'ge Bäckchen
Sich in weiche Kissen kuscheln
Und der große Zeh voll Neugier
Unterm weißen Zipfel vorschaut,
Dann erstrahlen tausend Sterne,
Und das güt'ge Mondesantlitz
Leuchtet mild und nickt bedächtig;
Jedes Blümchen weint vor Freude
Eine große, blanke Träne,
Und die süßen, runden Äpflein,
Die auf Nachbarzweigen sitzen,
Wenden ihre Schelmgesichter
Lächelnd eins dem andern zu.
Liebe, flaumig-bunte Vöglein
Ducken sich im warmen Nestchen,
Decken sich mit zarten Flüglein,
Schließen ihre hellen Augen,
Leise zirpend, eng geschmiegt.
Unter hohen Kiefernstämmen
Streichelt eine braune Häsin
Zärtlich-mütterlich ihr Junges,
Das mit offnen Augen schläft.
Und der grüne Frosch im Röhricht
Wird des Nachts um sieben munter,
Dehnt sich, reckt sich, blinzelt träge,
Gähnt und macht zufrieden »Quak!«
Selbst dem mürr'schen Hofhund Flick

Kommen plötzlich holde Träume,
Voll von Wurst und junger Liebe,
Und er schlägt den Zottelschwanz.
Und der lust'ge, wilde Wein
Hinter seiner Hundehütte
Klettert an der Mauer aufwärts,
Kriecht behänd zum Fenstersimse
Und schaut stillvergnügt ins Zimmer,
Wo das kleine Kindchen schläft.

Wiegenlied

Schlafe wohl unter dem silbernen Schild,
Unter der rotroten Rose!
Sanft scheint der Mond, und das Sternlein glänzt mild –
Weich ist dein Bettchen im Moose.
|: Abendwind,
Wieg' ein mein Kind,
Meine süße, dunkle Rose! :|

Schmetterling gaukelt durchs Schattenblau,
Zitternd duftet der Flieder,
Rings sät glitzernde Perlen der Tau,
Nachtigall singt ihre Lieder.
|: Vögelein,
Sing ein, sing ein
Die lieblichen, jungen Glieder! :|

Träume entfliehn, und Gedanken gehn,
Zahllos und klar wie die Sterne.
Mag, was mir nah', auch im Düster verwehn,
Licht bleibt doch ewig die Ferne!
|: Guckäuglein,
Nun schließt euch fein,
Meine lieben, schwarzen Sterne! :|

Die Mutter

Kindchens Finger macht pick, pick.
»Liebes Kindchen, warte nur!«
Kindchens Köpfchen macht nick, nick,
Und der Mutter Herzensuhr,
Dran die Zeiger Sonnenstrahlen,
Blutrubine alle Zahlen,
Macht ganz leise tick, tick, tick:
»Wart' nur einen Augenblick,
An die Kammertür gedrückt,
Bis auf neun der Zeiger rückt.«

Kindchen wohnt im dunklen Haus,
Pocht ans Pförtlein: »Ist's so weit?«
Möchte gar zu gern hinaus.
»Kindchen, bleib noch kurze Zeit!
Denn die Hyazinthenblütchen,
Die dort hinter Fensterscheiben
Wie mein zartes Blümlein treiben,
Tragen all' noch ihre Tütchen,
Wunderniedlich anzuschaun:
Eins ist lila, eins ist braun,
Rosenrot und himmelblau,
Eiergelb und mäusegrau.
Aber weht erst Frühlingswind,
Lüftet jedes leicht sein Hütchen,
Jenes farb'ge, spitze Tütchen,
Das sein Angesicht verborgen,
Und sagt freundlich: ›Guten Morgen!
Guten Morgen, liebes Kind!‹«

»Ei, sieh da – Frau Miezekatz'!
Nehmen Sie am Ofen Platz!

Schönes Wetter, sollt' ich meinen –
Und wie geht es Ihren Kleinen,
Alle schwarz und weiß gescheckt,
Die hübsch artig zugedeckt
Draußen ruhn im offnen Kästchen?«
»Nun, die bleiben noch im Nestchen;
Sind so töricht noch und klein,
Können schrein und weinen bloß,
Aber werden sie erst groß,
Dürfen auch sie mit herein.« –
»Ei, Frau Mieze, das ist fein.
Wenn das Schneeglöckchen im Glase,
In der munt'ren, grünen Vase –
Klinglingling! – mein Kindchen weckt,
Öffnet ihm die großen Guckeln,
Sitzen sie mit krummen Buckeln
Und die Schwänze steif gestreckt
Alle um das Bett herum.
Sind vor lauter Staunen stumm.
Denn die Dummchen wussten nicht,
Dass es so was Liebes gibt
Wie den süßen, kleinen Wicht. –
Schaut ihn euch nur an, ihr Kätzchen!«

Husch, da hüpft ein keckes Spätzchen
Auf das Fenstersims und piept.
Möchte auch mein Kleinchen sehn.
»Liebes Spätzchen, wart ein Weilchen,
Wart' ein Weilchen, liebes Spätzchen,
Bis wir erst spazieren gehn,
Ich mit meinem holden Schätzchen!
Denn noch blüht mein duftig Veilchen
In der engen Leibeskammer.«
Händchen, kleines Händchen, klammer
Fest ans Herz der Mutter dich!

Selbst in Qualen freut es sich
Ob der vielen schönen Dinge,
Die mein Kindchen ihm gebracht
All in einer, einer Nacht:
Glück, ihr tausend gold'nen Ringe!
Seligkeit auf Lerchenschwinge!
Freude, Scharlachschmetterlinge!
Reinheit, blanke Silberquelle!
Lachen, braune, woll'ge Häschen!
Liebe, Pfirsichblütenwelle!
Träume, Glitzerseifenbläschen!
Sind's der Gaben nicht genug,
Die mein Kind im Händchen trug?

Ach, wie wird's einst lustig greifen
Nach den breiten Atlasschleifen,
Die den Wagenvorhang zieren!
Denn mein Liebling fährt spazieren
In der großen, großen Welt.
Oh, die ist so laut und bunt!
Mittendrin, da läuft ein Hund,
Hetzt und jagt und springt und bellt,
Rennt am Wagen hin und her,
Will nach Hause gar nicht mehr,
Weil das Kind ihm so gefällt.
Ja, den Hund, den möcht es haben
Und die Sonne, die so blitzt
Und den dicken, schwarzen Raben
Der auf seinem Pfosten sitzt
Und vom Baum die grünen Blätter,
Deren jedes froh ihm winkt,
Weil's so brav sein Fläschchen trinkt
In dem prächt'gen Maienwetter,
Das der liebe Gott beschert,
Weil mein Kind spazieren fährt.

Auf ein Kinderkleidchen

Dein ist das frohe Sehnen,
Das heimlich durch mein Leben lacht;
Dein sind die wehen Tränen,
Die stumm versiegen in der Nacht.

Du bist wie Maienbäume
Mit blütenüberrauschtem Ast,
Und dein sind meine Träume;
Ich geb dir, was du noch nicht hast.

Wie bebt dein Saum und fließet
Um zarter Füßchen ersten Lauf!
Aus grüner Hülle sprießet
Das Kind, die süße Rose auf.

Du mit der Frühlingsfarbe,
Dem hellen, blumigen Gerank,
Du rührst an meine Narbe
Mit Händchen, die nicht sind: Hab Dank!

Du mit der Freudenfarbe –
Erträumte Freude ist ein Joch –
Weißt du, wonach ich darbe?
Du weißt es nicht und sagst mir's doch.

Legenden

1 – Schlehdornlegende

Sie ging vorbei und grüßte ihn –
Der Sommer saß am Wiesenrain –
Ein voller Becher war ihr Sein:
Sie ging vorbei und grüßte ihn.

Er ging vorbei und grüßte sie
Und war wie sie so heiß und jung:
Da schrie sein Mund nach süßem Trunk,
Und er blieb stehn und küsste sie.

Und er blieb stehn und küsste sie.
Und als der Wald im Gold versank,
Da schied er von der grauen Bank
Wohl unter dem Schlehdorn.

Sie warf sich weinend vor ihn hin
Und schlang den Arm um seinen Leib:
»Bin nicht mehr Jungfrau, bin dein Weib.«
Er lachte auf und ging von ihr.

Da sank sie unterm Schlehdorn hin
Und schlug den Arm um seinen Stamm:
»Schütz' du mich – sei mein Bräutigam!
Die Menschen sind so hart und schlecht.« –

Dann schlich sie fort und härmte sich.
Und wieder wuchs im Feld das Brot,
Und wieder glomm die Rose rot
Und quoll die Frucht von frischem Saft

Und bräunte sich der grüne Schaft:
Sie schlich dahin und härmte sich.

Dann saß sie auf der grauen Bank
Und fühlte, wie die Frucht ihr schwoll,
War ganz des süßen Wunders voll
Und war so müd', so müd', so müd' – – –

Was barg das Tüchlein, das sie trug?
Aus blauer Seide war's genäht,
Mit Silbersternen übersät;
Sie schlug es unterm Schlehdorn auf.

Sie schlug es unterm Schlehdorn auf.
Ein braunes Kindlein schaut' heraus;
Das sah gar lieb und fröhlich aus
Mit schwarzen Schlehenaugen.

Sechs blut'ge Male wies sein Leib. –
Und als Johannistag begann,
Da hub ein heimlich Keimen an:
Ein Knösplein brach aus jedem Mal.

Ein Knösplein brach aus jedem Mal,
Und jedes trug ein Blättlein grün
Und ließ ein weißes Blümlein blüh'n
Wohl unter dem Schlehdorn.

Die Mutter kniete still im Gras
Und sah und bebte und erblich
Und beugte vor dem Wunder sich
Und faltete die Hände fromm.

Der Schlehdorn raunte, und ihr schien,
Als ob ein Stimmchen: »Vater!« rief;

Da neigte er die Äste tief,
Ganz tief und streichelte sein Kind.

Sechs Blümlein weiß, sechs Blättlein grün.
Und als Johannistag verrann,
Da fingen sie zu welken an,
Sechs Blümlein weiß, sechs Blättlein grün.

Zwei schwarze Lichtlein loschen aus.
Noch einmal küsste Muttermund
Der lieben Augen leuchtend Rund,
Zwei schwarze Lichtlein loschen aus.

Sein kleines Haupt in ihrem Schoß.
Sie spürte, wie der Strauch sich bog
Und sacht um sie die Zweige zog
Und tröstend übers Haar ihr strich –
Und weinte, weinte bitterlich
Wohl unter dem Schlehdorn.

2 – Trompeterlegende

»Spring, mein Blut, spring mein Blut!
Rausch hin in heißen Flüssen!
Ob ich *keine einz'ge* kenne,
Möcht ich *alle* küssen.«

Die Geigen gehen: »Fideldideldi!«
Trompete schließt den Reigen.
Die Flöten flattern: »Tiritirili!«
Trompete heißt sie schweigen.

Der Mond stand überm großen, grauen Haus
Und schien den Musikanten.

Die Mädchen horchten hungerheiß hinaus,
Und ihre Lippen brannten:

»Spring, mein Blut, spring, mein Blut!
Rausch hin in heißen Flüssen!
Ob ich *keinen einz'gen* kenne,
Möcht ich *alle* küssen.«

Die Töne kosten klingend ihren Leib;
Sie sprangen aus den Kissen
Und waren jung und warm und wild und Weib –
Den Vorhang weggerissen!

Die Musikanten grüßten freudevoll
So süße Nachtgespenster.
Ein Herzlein schwoll, ein liebes Stimmlein scholl
Hinaus, hinaus zum Fenster:

»Spring, mein Blut, spring mein Blut!
Rausch hin in heißen Flüssen!
Kennt mich der Trompeter nimmer,
Möcht ich doch ihn küssen.«

Und der Trompeter sprang ins Haus hinauf
Die schlüpfrig schmalen Stufen;
Da ging die Tür, da glomm in Dunkel auf
Der Mund, der ihn gerufen:

»Spring, mein Blut, spring, mein Blut!
Rausch hin in heißen Flüssen!
Ob ich *keinen einz'gen* kenne,
Möcht ich *einen* küssen.«

– – – – – – – – – – –

Ich hört' einen Frauenschrei
In der Nacht.
Hatt' sein nicht acht.
Und ging vorbei.

»Und wenn ich sterben müsste,
Sobald mein Kindlein schreit,
Und wenn ich's sicher wüsste,
Ich segnete mein Leid.
Und segnet' die Trompete,
Die mich zu Leiden rief
Und segnet' den Trompeter,
Der mir zur Seite schlief.«

»Spring, mein Blut, spring, mein Blut!
Rausch hin in heißen Flüssen!
Ob ich *keinen einz'gen* kenne,
Möcht ich *einen* küssen.«

»Dein Lied ist Windeswerben,
Ist Hauch der Sommerluft;
Bin noch zu warm zum Sterben,
Und kalt ist, ach, die Gruft.
Und wenn ich's hören werde
Und nicht mehr werde sein,
Entsteig' ich dunkler Erde
Und zieh dich tief hinein.«

Trägt mich der schwarze Kasten,
Und gehst du hinterher,
Dann blas' auf meinem Hügel,
Sonst nimmer-nimmermehr:

»Spring, mein Blut, spring, mein Blut!
Rausch hin in heißen Flüssen!

Ob ich *keine einz'ge* kenne,
Möcht ich *alle* küssen.«

- - - - - - - - - - - - -

Schwerer, starker Stille Macht
Keck das Lied durchbrach;
In der weiten Winternacht
Glitt ein Echo nach.

Glitzernd glänzt' ein Stern herab,
Goldig gleißt' das Rohr;
Über toter Liebe Grab
Flog es hell empor:

»Spring, mein Blut, spring, mein Blut!
Rausch hin in heißen Flüssen!
Ob ich *keine einz'ge* kenne,
Möcht ich *eine* küssen.«

- - - - - - - - - - - -

Sie saßen um die Feuer her beim Spiel:
Die Pfeife qualmte an dem bärt'gen Munde,
Der Würfel hüpfte, und die Karte fiel;
Der Humpen machte langsam seine Runde.

Und tote Wunden wurden wieder wach
Und totes, längst vergessenes Geschehen –
Ein Heimatdorf, ein Mühlenrad am Bach,
Ein Mädchenhaupt mit Augen, schwarz wie Schlehen.

»Und warst du einstmals dort, jetzt bist du hier,
Der wack're Vater eines munt'ren Jungen.
Spiel' uns das Lied, Kam'rad, mit dem du dir
Des Liebchens Kammerpförtlein aufgesungen!«

Er stieß den Becher nieder, hart und schwer,
Sein braunes Antlitz wollte rot sich färben:
»Kaum kenn ich's noch – ich spielt' es lang' nicht mehr.«
Er lachte auf: »Sie meint', ich müsst dran sterben.«

Und raue Stimmen schrie'n mit heis'rem Hohn:
»Blas', Feigling, blas'! Sonst troll' dich rasch von hinnen!«
Da rührte leise, leise sich der Ton
Und lebt' in seinen weinberauschten Sinnen:

»Spring, mein Blut, spring, mein Blut!
Rausch hin in heißen Flüssen!
Ob ich *keine einz'ge* kenne,
Möcht ich *alle* küssen.«

Er setzte an sein güldnes Rohr. Kein Laut.
Er setzte an. Kein Laut. Und wild Gezeter:
»Warst du so zaghaft auch bei deiner Braut?
Zum Teufel, Kerl, was bist du denn Trompeter!«

Er setzte an. Kein Laut. Was schwieg sie noch,
Da seinen glüh'nden Atem sie verspürte?
Ihm war's, als sei das hartmetall'ne Loch
Ein weicher Mund, der seine Lippe rührte.

Er setzte an. Kein Laut. Er setzte an.
Kein Laut. – Horch! Still! Ein Wispern, Flüstern, Raunen
Ein nie gekannter Klang – wie Zauberbann –
Und seine Augen wurden weit vor Staunen.

»Ich bin es«, sang die fremde Melodie
»Nicht mehr dein warmes Lieb, ein kühler Schemen.
Ich blas' es nicht, ich blas' es nun und nie:
Wie könnt' ich meinem Kind den Vater nehmen?«

Mann und Weib

Stimme des Bluts

Du musst nicht hören, was sie sagen,
Nicht glauben, was die Augen sehn,
Nicht deines Herzens Uhrenschlagen,
Des Geistes Falterflug verstehn.

Der glatte, matte Silberreifen,
Der kühl den Mädchenleib umschnürt,
Ihn soll kein Zauber von dir streifen
Als ich. Ich will, was mir gebührt.

Mein heilig Recht ist mein Begehren;
Ich ford're Träume, wild vor Glut,
Will grausam Lachen, frevle Zähren –
Den Schleier fort! Ich bin das Blut!

Streck' aus die Hand in Sündenqualen
Zum Himmel dort, zur Erde hier;
Dein Mund soll Lust mit Lüsten zahlen,
Und dir am Herzen keim's: Gebier!

Neu will ich werden in dem Leben,
Das dir mein Wunder schuf. Sei's mein!
Es soll wie du in Glück erbeben,
Wie du in tiefem Jammer schrein.

Hast du mir, was dir gleicht, gegeben,
So schlaf, dein müd', in dir ich ein.

Ich weiß es

Plage steht am Wege, den ich schreiten will,
Not steht an dem Wege, den ich schreiten will,
Tod steht an dem Wege, den ich schreiten will,
Klage liegt am Wege, den ich schreiten will.

Und Zungen hat jeder Meilenstein,
Und alle die kleinen Kiesel schrei'n,
Schrei'n Weh – wo ein Mädchen röchelnd sank,
Flüchtig, verlassen, müd' und krank.
Not steht an dem Wege, den ich schreiten will,
Tod steht an dem Wege, den ich schreiten will,
Und ich schreit' ihn doch!

Törichte Mädchen in Schmach und Pein:
Tausend gingen vor mir.
Tausend kommen nach mir.
Ich werde die Tausendunderste sein.
Meine Lippen auf fremdem Mund:
Und sterben ein Weib wie ein räudiger Hund –
Schreckt's dich nicht? Nein.
Meines Herzens Schlag an fremder Brust:
Lache, mein Aug', eh' du weinen musst!
Und du weinst ja nicht allein.

Not steht an dem Wege, den ich schreiten will,
Tod steht an dem Wege, den ich schreiten will,
Kummer und Klage, graue Plage:
Ich weiß es – und schreit' ihn doch!

Marschlied

Wir wollen uns einmal die Welt recht beseh'n;
Die Welt, die ist lustig und laut.
Ich bin Marketendrin, muss neben dir gehn,
Du Krieger, dem stets ich vertraut.
Ein Mädchen, das gern an den Liebsten sich schmiegt,
Gleichviel, ob er küsst, ob er haut,
Zu trotzig nicht streitet, zu leicht nicht erliegt,
So liebt der Soldat seine Braut,
Ja, so liebt der Soldat seine Braut!

Wirf von dir die drückende Bürde, das Leid;
Was schleppst du den Berg sie hinan?
Man nimmt doch nicht mit, wenn die Wege so weit,
Was gern man zu Haus lassen kann.
Umfass mich nur kräftig – das ist keine Schand',
Sehn drum auch die Leute uns an!
Es flattert am Kleid mir ein lichtblaues Band;
Das weh' uns als Fahne voran,
Ja, das weh' uns als Fahne voran!

Und hast keinen Helm du, den schaff ich dir bald;
Ich schmied' ihn aus Blumen am Rain.
Nimm noch zum Gewehr einen Ast aus dem Wald,
So steht die Bewaffnung dir fein.
Nun wandern wir fort, bis die Sonne entschlief,
Und birgt uns der Mond seinen Schein,
So blicken wir uns in die Augen recht tief,
Die sollen Laternen uns sein,
Ja, die sollen Laternen uns sein!

Und ich – zwar ich bin Marketenderin dir,
Doch trag nicht nach Braten Begehr,

Und woll' auch verlangen nicht Wein und nicht Bier;
Mir scheint solche Last viel zu schwer.
Ich hab einen Mund, der wie Rotwein dir winkt,
Den geb deinen Lippen ich her,
Und wenn der Soldat immer durst'ger sich trinkt,
So wird doch der Becher nicht leer!
Ja, so wird doch der Becher nicht leer!

Der Schellenbaum

Wir feiern's in der Kirche nicht,
Nicht unter grünen Mai'n;
Unterm gold'nen Schellenbaum,
Da soll die Hochzeit sein.

Der Schellenbaum hat Glöcklein viel,
Die klingen klar und hell;
Sie läuten froh, sie läuten fein
Wie in der Dorfkapell'.

Den Schellenbaum, den trug mein Schatz,
Zog's Regiment vorbei:
Ein Schwänzlein weiß, ein Schwänzlein rot,
Die flogen frisch und frei.

Der Schellenbaum ist schlank und hoch,
Drum pflanz' ihn in den Grund,
Tritt zu mir unters güldne Dach,
Und schwör's auf meinen Mund:

»Und wenn der Schell'nbaum Wurzel schlägt
In dieser grünen Au
Und wenn er bunte Blättlein trägt,
Dann nehm ich dich zur Frau.«

Aus Westend

Der Morgen war so hell und froh –
Ein Wagen kam von ferne
Und brachte eine Ladung Stroh
Gemächlich zur Kaserne.

Mir schien ein Berg der mächt'ge Hauf;
Fast stieß er an den Himmel.
Und ein Soldat saß obenauf
Und lenkte seine Schimmel.

Ich dacht': Hätt'st statt des Kriegers du
Dort oben Platz genommen,
So winktest du gewiss mir zu,
Ein wenig mitzukommen.

Dann ließen wir mit langer Lein'
Die braven Schimmel gehen
Und kröchen tief ins Stroh hinein,
Dass niemand uns könnt' sehen.

Ich wär' im himmelhohen Haus
Dein einz'ger Gast der Erde –
Und schöne Namen dächt' ich aus
Für uns're beiden Pferde.

Soldatenmädchen

Und wenn du Männer zwingen willst,
So musst du rasch dich rüsten
Und, eh' im West der Schnee noch schmilzt,
Marschier'n nach Frankreichs Küsten.
Und wenn du Mädchen zwingen willst,
So weck' nur dein Gelüsten,
Und ruh heut Nacht, dass du es stillst,
An meinen weißen Brüsten.

Und was der Leute Mund drob' red't,
Den Spott will ich ertragen;
Wenn dir der Feind nicht widersteht,
Wie sollt's dein Lieb wohl wagen?
Ein heißes Herz ist noch kein Fehl,
Ein' tapfre Seel' kein Schaden,
Und wenn sich fanden Herz und Seel',
Wird uns der Himmel gnaden.

Denn so ist dein und mein Geschick:
Dir schuf der Schmied die Waffen;
Den ros'gen Mund, den dunklen Blick,
Die hat mir Gott geschaffen.
Der Schuster hat die Schuh' gemacht,
Die deinen Weg betraten,
Vom Schneider hab ich meine Tracht,
Mein Kindlein vom Soldaten.

Abschied

Weil der Sommer Rosen bringt,
Bringt der Winter Schnee;
Weil ich meine Freude trag,
Trag ich auch mein Weh.

Hätt' den Hut auf deinem Kopf
Niemals ich geseh'n,
Wüsst' ich auch nicht wie der Helm
Deiner Stirn möcht stehn.

Und wenn nie solch wilder Bursch
Zu mir kommen wär',
Fiele deinem Mädchen heut
Auch kein Scheiden schwer.

Huscht ein Tränchen mir vom Aug'
Ist's, weil eins mich reut:
Dass wir nicht genug geküsst,
Das schmerzt mich noch heut.

Die Werbung

Viele dunkle Wolken
Trägt das Himmelszelt,
Viele dunkle Sorgen
Schleichen durch die Welt,
Viele schwere Wunden
Schlägt ein Schwert von Erz,
Viele schwere Stunden
Kennt das Menschenherz.
Viele gold'ne Früchte
Trägt ein einz'ger Strauch,
Viele gold'ne Blumen
Knickt ein einz'ger Hauch.
Lasst die Frucht uns pflücken
Und die Blüte auch!
Viele gold'ne Blumen
Knickt ein einz'ger Hauch.

»Ist mein Strauß gelungen, Herr, nach deinem Sinn?«
Sprach die wunderschöne Blumenbinderin.
Und der König sagte: »Nicht sei dir's verhehlt:
Viele Blumen band'st du, doch die schönste fehlt.« –
»Sollt's die Hyazinthe, sollt's die Tulpe sein?
Ist es die Narzisse, ist's die Nelke?« – »Nein.«
»Nenn' die Blume, König, die du dir erwählt!
Viele Rosen gab ich –« »Doch die schönste fehlt,
Eine prächt'ge Blüte mangelt noch dem Strauß.
Wirst sie mir nicht weigern?« »Such sie, Herr, dir aus.«
»Eine rote Rose nehm ich mir zur Stund' –«
Seine Lippe küsste ihren roten Mund,
Seine Rechte fasste ihre weiße Hand:
»Schenkst du mir die Lilie, die ich eben fand?
Schenkst du mir die Rose, die ich eben brach?«

Und ihr Auge lachte,   und ihr Herz, das sprach:

Viele helle Sterne
Leuchten klar und rein,
Viele helle Augen
Glühn mit Flammenschein,
Viele bunte Vögel
Singen gleichen Sang,
Viele bunte Worte
Haben gleichen Klang.
Viele schöne Blumen
Blüh'n an einem Tag,
Viele schöne Herzen
Schlagen einen Schlag.
Lass uns heut noch lieben,
Komme, was da mag!
Viele schöne Blumen
Blüh'n nur einen Tag.

Leichtsinn

»Was willst du dir schaffen, mein Kind,
Aus deinem Leben?«
»Einen brausenden Wirbelwind,
Ein lachend Schweben.«

»Nicht haftet die Myrte beim Tanz
In wehnden Locken.«
»Die Sterne der Nacht sind mir Kranz
Und Hochzeitsglocken.«

»Wie küsst bald der Sommer dich heiß?«
»In seid'nen Netzen.«
»Wie gibst du dem Winter dich preis?«
»In Bettlerfetzen.«

»Sack' ein, was an Talern dir rollt!
Magst einst es streuen!«
»Jung raff ich nur Sonnengold,
Mag's alt mich reuen.«

»Heiß' Blut soll beim Freudenmahl
Mein Becher spenden:
Wie hüb' ich den vollen Pokal
Mit welken Händen!«

Verlorenes Lied

Ich bin arm und habe nichts.
Nichts! Gar nichts!
Nichts als lange Haare –
Bin zweiundzwanzig Jahre –
Sind rotes Gold, meine Haare,
Sagen die Kaufleut' mir.

Ich bin arm und habe nichts.
Nichts! Gar nichts!
Nichts als gemalte Brauen –
Fluch den ehrbaren Frauen! –
Sind tintenschwarz, meine Brauen,
Sagen die Schreiber mir.

Ich bin arm und habe nichts.
Nichts! Gar nichts!
Nichts als kecke Blicke –
Weißt du, wem ich sie schicke? –
Sind scharfes Schrot, meine Blicke,
Sagen die Jäger mir.

Ich bin arm und habe nichts.
Nichts! Gar nichts!
Nichts als reife Lippen –
Tugend fährt über Klippen –
Sind kirschensüß, meine Lippen,
Sagen die Gärtner mir.

Ich bin arm und habe nichts.
Nichts! Gar nichts!
Nichts als geschmeidige Sohlen –
Ei, in der Schenke das Johlen! –

Sind zum Tanzen gemacht, meine Sohlen,
Sagen die Spielleut' mir.

Ich bin arm und habe nichts.
Nichts! Gar nichts!
Nichts als weiße Glieder –
Blankes Gold lockert mein Mieder –
Sind Flammen der Lust, meine Glieder,
Sagst heute Nacht du mir.

Ich bin arm und habe nichts.
Nichts! Gar nichts!
Nichts als ein Leben in Schande,
Einen Tod am Straßenrande –
Einst in zerlumptem Gewande
Scharrt man mich ein im Sande.
Wo? Sagt keiner mir.

Ich bin arm und habe nichts.
Nichts! Gar nichts!
Nichts als die heimliche Zähre –
Dass ich so arm nicht wäre! –
Nur meine Dirnenehre!
Vom Strauch fällt die tausendste Beere;
Fault sie, wer sucht nach ihr?
Sterb' ich, wer weint nach mir?

Carmen

Morgen, morgen habt ihr Ruhe,
Jauchzt drum heut noch, Geigen!
Heut vertanz' ich meine Schuhe,
Morgen meine Seele!

Morgen, morgen meine Seele –
Mag ins Blau sie flattern,
Singen wie mit Vogelkehle
Helle Jubellieder.

Helle, helle Jubellieder,
Die sie einstmals lernte,
Da mir übers rote Mieder
Manneshände glitten.

Hände, wie so leis sie glitten!
Augen, wie ihr lechztet!
Gab mich euch mit weichen Schritten,
Mit geschloss'nen Lidern.

Ja, und mit geschloss'nen Lidern
Glaubt' ich eurem Kosen,
Ließ ich schweigend mich erniedern –
Meiner Sünden größte!

Meiner tausend Sünden größte! –
In die Laube trat ich,
Als sein Finger scherzend löste
Blauen Mieders Schnüre.

Blauen, blauen Mieders Schnüre!
Saht ihr, Veilchenaugen,

Wie so trüg'risch seine Schwüre?
Wisst ihr's, blonde Flechten?

Wisst ihr's, wisst ihr's, blonde Flechten?
Blasser Mund, du zucktest,
Als der Dolch in meiner Rechten
Deinem Liebsten drohte.

Deinem, meinem Liebsten drohte,
Aus dem argen Herzen
Riss mein Blut, das heiße, rote,
Oder war es seines?

Oder war's nicht wirklich seines?
Wohl, denn meins wird fließen,
Wenn die Ruh' des Abendscheines
Trübt mein Todesröcheln.

Wenn verweht mein Todesröcheln,
Fass das Beil aufs Neue,
Schneide, Henker, von den Knöcheln
Meine braunen Füße.

Meine kleinen, braunen Füße
Sollen überm Grabe,
Nachtgespenster, Totengrüße,
Tanzen, tanzen, tanzen!

Die Leuchte

Ich steh und halt die Kerze in den Händen,
Wie's Mägdepflicht.
Ich steh und halt die Kerze in den Händen
Und wanke nicht.

Ich steh – und leuchte ihm durch düst're Hallen
Zum Brautgemach.
Und möchte zitternd ihm zu Füßen fallen
Und stöhnen: »Ach!« –

Ich harr' und halt die Kerze in den Händen
Und wanke nicht.
O könnte meine armen Augen blenden
Dies müde Licht!

Nicht sehn, nicht sehn wie unterm Myrtenzweige
Ihr Schleier wallt!
O Herz, o Herz, du wildes, schweige, schweige!
Sie kommen bald.

Ich selber half den Blumenpfad bereiten;
Da streute ich
Die Rosen, die er bald in frohem Schreiten
Zertritt – wie mich.

Ich steh – und vor mir perlt das Licht zu Ende
Im Flimmerschein.
Und glüh'nde Tropfen sengen meine Hände.
Ich darf nicht schrein.

Die Pforte knarrt. Mein Mund, wünsch Glück den Gatten
Nein, schrei, o schrei!

Ich seh – mein irres Aug' umhüllt ein Schatten –
Vorbei! Vorbei!

Ich seh – Er spielt mit ihres Schleiers Enden.
Sie geht! Sie spricht!
Ich steh – und halt mein brennend' Herz in Händen
Und lösch' es nicht – – –

Die Verlassene

1 – Sehnen

Ob du von mir dich fortgewandt –
Komm, Liebster, komm! –
Harrt meine Tür noch deiner Hand –
Komm, Liebster, komm!

Nicht ich ersehn' nur neuen Gruß –
Komm, Liebster, komm! –
Mein Teppich hofft auf deinen Fuß:
Komm, Liebster, komm!

Nicht mich nur quälet Einsamkeit –
Komm, Liebster, komm! –
Mein Sessel macht die Arme weit:
Komm, Liebster, komm!

Nicht mein Aug' nur wird heimlich nass –
Komm, Liebster, komm! –
Die Lampe schimmert gar so blass:
Komm, Liebster, komm!

Nicht mein Gesicht nur bleicht das Weh –
Komm, Liebster, komm! –
Mein Bett ist weißer als der Schnee:
Komm, Liebster, komm!

2 – Was war

Durch vergang'ner Freuden Gasse
Mein Erinnern irrt.
Weit stehn manche Türen offen,
Manches Fenster klirrt.

Und die Häuser warten, winken,
Alle in der Reih';
Immergrüner Efeu raschelt –
Doch ich geh vorbei.

In des kahlen Fensters Rahmen
Zeigt sich rotes Licht
Und ein Männerhaupt.
Ich stocke – weiter kann ich nicht ......

–

Ich möchte nimmer hören
Der Uhren Schlag,
Mit beiden Händen halten
Den kurzen Tag.

Einst schienen sich die Zeiger
Zurückzudrehn;
Mir blieb die Glut der Sonne
Im Mond noch stehn.

Und jünger ward, nicht älter,
Ich Stund' um Stund':
Das tat ein großer Zaubrer,
Ein fremder Mund ......

3 – Gleichnis

Der Flieder neigt sich welk in zarter Trauer;
Stolz glüht der Rotdorn im Gewitterschauer.

Er lächelt unter tausend blut'gen Wunden.
So ist die Lieb', die du bei mir gefunden.

Sie beugte sanft sich dir wie weißer Flieder,
Schaut jetzt wie Rotdorn flammend auf dich nieder.

Klage nicht ......

Klage nicht, klage nicht,
Wenn dir ein Becher in Scherben bricht;
Hast ja noch alle die andern.
Und lass von der hölzernen Schale die Hand
Zum klirrenden Glase wandern.
Ist der goldne Pokal dir nicht bauchig genug,
So schmunzelt behaglich der irdene Krug;
Verspritzt auch der Wein,
Schenk neuen dir ein!
Denn die Freuden sind Feuer, sind flammendes Licht:
Jeder Schlag, der es teilt,
Gleich ist er geheilt –
Klage nicht!

Die schwarze Zither ergriff meine Hand;
Es horchte mein Ohr, wie sie sang und sprach.
Meine Finger gingen den Saiten nach,
Den silbernen Brücken, die hingespannt
Von der Welt unsres Lebens zum Märchenland –
Und sieh! Eine Brücke brach.
Ein lustiges Lied durchs Herz mir scholl;
Ich rührte die Zither: Wie gell! Wie schrill!
Alle Saiten zitterten freudevoll;
Nur eine blieb still.
Ein ernster Gesang schritt langsam daher.

Ich harrt' auf sein Kommen: welch raues Gebrumm!
Alle Saiten regten sich müd' und schwer,
Nur eine blieb stumm.
Wie tönte sonst Freude und Schmerz so schön!
Heut war nur ein Misslaut der heitere Sang,
Und das Lied der Schwermut war dumpfes Gedröhn

Eine Saite zersprang.
Und wenn auch eine Brücke dir bricht,
Die hin dich führt zum Glücklichsein,
Zum Glücklichsein und zum Fröhlichsein,
So sind ja doch alle andern noch dein:
Klage nicht ………

Zeit und Ewigkeit

Erwartung

1914

Am blauen Himmel langen Friedens steigen
Die Wolken auf und decken schon den Rand;
Nun hat den Horizont ein schwüles Schweigen
Mit dichten, fahlen Schleiern überspannt.

Ein Wetterleuchten ist emporgesprungen –
Und alles späht. Ein Unglücksrabe krächzt –
Rings horcht's. Ein Feld von tausend Gräserzungen
Das nach dem ersten Regentropfen lechzt.

Gleich einer Fürstin naht die Riesenwolke;
Es bläht sich weit ihr schleppendes Gewand;
Nun thront sie über einem bangen Volke,
Steht groß und düster an der Himmelswand.

Da bäumt ein Blitz sich. Donner stürzt hernieder.
Der Flammenstrahl verspritzt der Herrsch'rin Blut –
Und Regen rauscht. Der Sturm packt ihre Glieder
Und macht die Bahn frei für der Sonne Glut.

Die Fahne

Nun geht der Westwind träumen
Im weißen Arm der Winternacht;
Die Zweiglein an den Bäumen,
Sie haben zitternd sein gedacht.

Es kriecht sein schläfrig Raunen
Am schlanken Fahnenmast hinauf.
Das weckt des Himmels Staunen;
Er schlägt die Sternenaugen auf.

Die Fahne müd' sich dehnet
Und streckt den Schlangenleib zur Ruh'
Der Sieg, den sie ersehnet,
Er winkte heut ihr lächelnd zu.

Der Brief

Ein Fetzen Weh, vom Wind dahergefegt,
Das war er nun.
Ich hab ihn still ins heil'ge Buch gelegt,
Zu ruhn – zu ruhn – – –

Und die vergilbten Blätter schlössen ihn
So linde ein,
Wie Totenhülle, weißer denn Jasmin,
Der braune Schrein.

So fern der Unrast, die da draußen tost,
Hat er geruht.
Und war der Klage voll und gab mir Trost
Er war so gut – – –

Kurze Wege

Und werd' ich dann im Regen
Der weißen Rosen gehn,
Wenn bald ob Waldeswegen
Die Winterflocken wehn,
So wandl' ich wieder Bahnen,
Die nimmer ich verließ,
So klingt mir heut'ges Mahnen,
Das einst mich folgen hieß.

Vereister Sturzbach zischte,
Zerbrach sein Kerkerhaus,
Und Frühlingschmelze wischte
Der Füße Spuren aus;
Noch rief aus Herbergspforte
Uns Weihnachtstannenduft,
Doch unsre stillen Worte
Verwehte Märzenluft.

Das war kein keckes Schreiten,
Mein Wanderkamerad!
Und doch, in tiefe Weiten
Glitt unser kurzer Pfad,
Denn wo die Wolke regnet,
Da ist ein Himmelsfink
Dem Seelenpaar begegnet,
Das suchend gottwärts ging.

Gebet

Du wunderbare Nacht! Du weise Nacht!
Du weißt die Antwort auf der Seele Fragen,
Da du den Himmel vor mir aufgeschlagen,
Ein schwarzes Riesenbuch mit Silberlettern.
Welch' seltsam ferne Hand mag es durchblättern
Wer ahnt das Haupt, das seine Schrift erdacht?

Drei strahlend klare Worte kann ich lesen:
O Schlaf, der du die Herzen heilst von Pein,
Ein Arzt, der alle Kranken lässt genesen;
Dich, Liebe, krönt die Nacht mit Mondenschein,
Dir macht die Schenke sie zum Heiligtume;
Traum! Wurzellose Paradiesesblume,
Die immer neu vor uns sich kann entfalten
Und deren süßen Duft wir in uns saugen,
Doch die wir nie in Händen noch gehalten
Und nie geschaut mit unsern ird'schen Augen.

Gib Schlaf und einen Traum von Liebe mir,
Du Herr der Welt! – O nein, du bist viel mehr! –
Du Herr der tausend Welten, die wir kennen,
Du Herr der tausend, die wir noch nicht nennen,
Herr, über Menschendenken groß und hehr,
Der Wunder aller, die auf Erden hier,
Froh eignen Könnens, Menschengeist entdeckt,
Weil deine Hand sie gnädig ihm enthüllet,
Die Hand, die uns mit finst'rem Unheil schreckt
Und uns zugleich den Freudenbecher füllet.

Wie ruf ich dich?
Der Name, den die Lippe
Dir täglich, stündlich gibt, ist deiner nicht;

Das Sterbliche ist alles eine Sippe,
Dir aber gleicht kein sterbliches Gesicht.
Dein Sein kann keine unsrer Sprachen fassen,
Das Wort, das es erschöpft, bleibt stets uns fremd;
Wir müssen's, dich zu nennen, ewig lassen,
Weil deine Größe unsre Zunge hemmt.

Ja, du bist Alles: Schönheit, Macht und Güte –
Und deine Augen leuchten immerdar
Im Blau des Himmels, in der Pflanzen Blüte,
Im Rund der Seen, in der Sterne Schar.
Du kennst den Glauben nur, nicht Religionen,
Des Heiden Huld'gung selbst ist dir geweiht;
In dir muss alles, alles Höchste thronen,
Weil jedes Herz dir neue Tugend leiht.
Du schirmst auch sie, die nicht dein Sein begehren;
Kein Herrscher bist du, der voll Zorn und Leid
Die Untertanen straft, die ihn nicht ehren –
Das tut nur irdische Gerechtigkeit!
Die duftdurchwehte Dämm'rung deiner Tempel,
Der Dörfer reine Luft, der Städte Ruß,
Dir sind sie gleich; es prägt dein heil'ger Stempel
Zu deinem Dienste Mühsal und Genuss.
Der Kirche Weihrauch strebt zu dir empor,
Und aus der Arbeitsstätte Schornsteinrohr
Steigt himmelwärts der trübe, graue Duft.
Der Freuden toller Lärm, was ist er mehr
Als nur ein einz'ger Hymnus, dir zur Ehr';
Ist dein nicht alles Schöne in der Luft?
Und dass wir stolz auf vieles, was uns schmückt,
Froh über alles sind, was uns beglückt,
Dass deine Größe uns nicht ganz erdrückt,
Drum ließest lächelnd du den Feind dir schenken,
Das Böse einst, den Teufel uns erdenken,
Der oft muss tragen unsrer Sünden Last,

Dass drunter nicht der Mensch zusammenbreche;
Ein Spottbild ist's, das du verziehn uns hast:
Das Böse, Teuflische, was je uns fasst,
Es ist doch weiter nichts als – Menschenschwäche.

Nur unsre Schwäche ist der Keim der Sünden,
Sie trennt uns heut und ewiglich von dir;
Du gabst sie uns. Warum? Das können wir,
Das sollen wir auch nimmerdar ergründen.
So stark ist keiner, dass er gänzlich gut,
Durchs roh'ste Herz klingt eine fein're Saite,
Den Feigling ehrt die Scheu vor Brudersblut,
Den Räuber ziert sein wilder Mut im Streite:
Was wir als Güte hier und Bosheit sehn,
Das wird vor dir als eine Schwäche stehn.

Nicht sprech' ich mehr. Lass, Herr, mein Herz dich bitten!
Wohl mag mein Wunsch den Menschen Sünde sein;
Er überragt ja ihre engen Sitten –
Und ist er, Größter, nicht für dich zu klein?
Zuckt unser Aug' nicht bei des deinen Blitzen,
Wenn Feuer speit des Himmels Riesenmund?
Du schleuderst talwärts stolze Felsenspitzen,
Und Sterne wirfst du auf der Erde Grund.
Nur du vereinst das Große mit dem Kleinen:
Du lässt heut Nacht den Weltball uns erscheinen,
Den jetzt kein menschlich Wesen mehr bewohnt –
Dies Wissen ist's, das Forscherarbeit lohnt –
Und schenkst den Kindern, die im Dunkeln weinen,
Solch einen schönen, blanken, runden Mond.

Abschiedslied

Sternlein tanzt im Weiten,
Lieb und licht und silberrein;
Möcht zwei Flügel breiten
Und ihm rufen: »Du bist mein!«

Möcht's behutsam fassen,
Wie sich's leise singend dreht
Und es gleiten lassen,
Wo des Liebsten Lager steht.

Häuser sind gemalet
Schwarz auf blauen Himmelsgrund;
Nur ein Fenster strahlet
Wie ein freundlich Augenrund.

Lämpchen blinkt von drinnen,
Lieb und licht und goldenrein;
Flimmerfäden spinnen
All mein waches Denken ein.

Hinter Vorhangs Wehen
Geht ein Kindelein zur Ruh',
Streift von ros'gen Zehen
Seine kleinen, braunen Schuh'.

Lässt sein Herzlein beten,
Lieb und licht und goldenrein;
Möcht ins Zimmer treten
Und ihm sagen: »Du bist mein!«

Flöckchen flattert nieder,
Lieb und licht und silberrein;

Bin ich einstmals wieder,
Mag ich solch ein Flöckchen sein.

Aus der Flut gehoben
Wird der Tropfen als ein Hauch;
Strebt der Dunst nach oben,
Folgt ihm meine Seele auch.

In der Schneestaubstreue
Klingt sie mit als Glasglöcklein,
Kehrt zur Flut aufs Neue,
Lieb und licht und silberrein.

Drüben stirbt die Helle,
Fällt das Fensterauge zu;
Hier, in weicher Welle,
Geht ein müdes Kind zur Ruh'.

Gottes-Dienst

Wer in diesen Tempel tritt,
Gleichsam lässt die Erdenschranken,
Bringt als Opfergabe mit
Einen reinen Gottgedanken.
Gottgedanke – Rosenblatt,
Dufthauch, den mein Sehnen trinket,
Der sich müd' gegaukelt hat,
Sacht ins Herz mir niedersinket.

Orgelstimme. Klangkristall
Rauscht im Strom aus Goldpokalen,
Trägt die Seele froh ins All,
Wäscht sie blank von Staubesmalen.
Taublank darf sie, wahrheitsklar,
Freudvoll sich dem Höchsten neigen;
Ohne irdisch Schwingenpaar
Steigt sie auf in ew'ges Schweigen.

Jauchze, inneres Gebet!
Jauchze ohne Lippenstimme!
Da mein Körpersein vergeht,
Geist, in geist'gem Sein ich schwimme.
Da ich kinderheilig bin,
Mensch, der nie als Mensch gelebet,
Eins mit jedem laut'ren Sinn,
Der ins Wesenlose schwebet.

Fliegt empor! Die Truhe bricht,
Unsres Lebens Todestruhe:
Freiheit! Wahrheit! Liebe! Licht!
Und kein Rausch – nur Ruhe, Ruhe – – –
Aus des Sterbens fernem Land

Hat mein Denken nichts begleitet.
Nichts. Nur eine Menschenhand,
Jene, die mich hergeleitet. –

Erlebnis

Und ernste Worte wallten tönend hin
In stetem Gleichmaß, ungehemmtem Zug;
Mir schien, es spräche nicht die Priesterin,
Mein Selbst ward Mund und Rede, die er trug.

Da deuchte mich's, dass all' die wirre Pein
In Staub, in Dunst, in Luft, in Nichts sich löse,
War kein Vergehen mehr und kein Verzeih'n
Und keine Wahl mehr zwischen Gut und Böse.

Da rief ein unbegrenzter Himmel: »Komm!«
Noch stritt mein Leib, mich erdennah zu halten:
Ich gab dem sinnenfernen Geist mich fromm
Und fühlte staunend mich zwei Hände falten.

Gebet aus dem Sumpfe

Aber sieh, wir haben unsern Mund,
Unsern Mund zum Beten heut nicht mehr!
Unsre Knie hält der schlamm'ge Grund,
Unsre Knie beugen sich so schwer.

Unsre Hände sind so weiß und weich
Und in süßen Salböls Duft gehüllt,
Goldbehangen, Opferschalen gleich:
Unsre Hände sind mit Kot gefüllt.

Aber sieh, wir haben unsern Mund,
Unsern Mund zum Beten heut nicht mehr:
Unsre Lippen sind von Sünde wund,
Sind von Sünde heiß und brennen sehr.

Haben oft gelästert, oft geprahlt –
Gib ein Wort uns, demutstief und rein!
Unsre Lippen sollten, rot gemalt,
Purpursaum am Tempelvorhang sein.

Aber sieh, wir haben unsern Mund,
Unsern Mund zum Beten heut nicht mehr;
In den Augen weint kein Himmelsrund,
Denn der Himmel war zu kalt, zu leer.

Unsre Augen sind der Erde voll
Und der tausend trunknen Nächte Gift,
Spiegeln noch den Pfuhl, der um uns schwoll;
Unsre schwarzen Brau'n sind Krämerschrift.

Unser Beten währt sein kurzes Heut:
Seufzer, rasch entwichen, jäh gehemmt,

Zittern ist's, das, kaum gespürt, uns reut,
Tropfen, unserm röt'ren Blute fremd.

Blasser Tropfen in der Scharlachflut,
Blasser Tropfen, der verschwimmt, verfließt;
Morgen singt ein Glöckchen uns am Hut:
»Kling, klang! Ting, tang! Selig, wer genießt!«

Heut nur ist ein Atemhauch Gebet,
Morgen lachen wir im Narrenkleid,
Aber unser ganzes Dasein fleht
Heute, morgen und in Ewigkeit.

Einmal

Einmal wandelt Läuten durch mich hin,
Seelensingen – eine Glocke tönt,
Glocke, der ich reines Echo bin,
Nicht mehr Fleisch, das sündig jauchzt und stöhnt.

Bin ein Sprössling dann des grünen Baums,
Sinnbild ew'gen Werdens, ew'ger Rast,
Und mein Leib, der Rest des Menschentraums,
Steht und wartet, dass er Wurzel fasst.

Einmal bist du Trug, mein Leib, mein Stamm,
Der du heute noch mir Wahrheit heißt,
Einmal bist du tot, bist Erde, Schlamm,
Doch ich leb, ein Nichts, ein Alles: Geist.

Bald!

Denn schon hör ich, wenn den bitt'ren Tag versüßt
Irgendwo mir eine Vogelkehle,
Liebe, ferne Stimme, die mich lautlos grüßt:
»Schwesterseele!«

Printed by Amazon Italia Logistica S.r.l.
Torrazza Piemonte (TO), Italy